AF524036

Bäume

Robin Twiddy

corona
Ars Scribendi Verlag

Erforsche den Wald

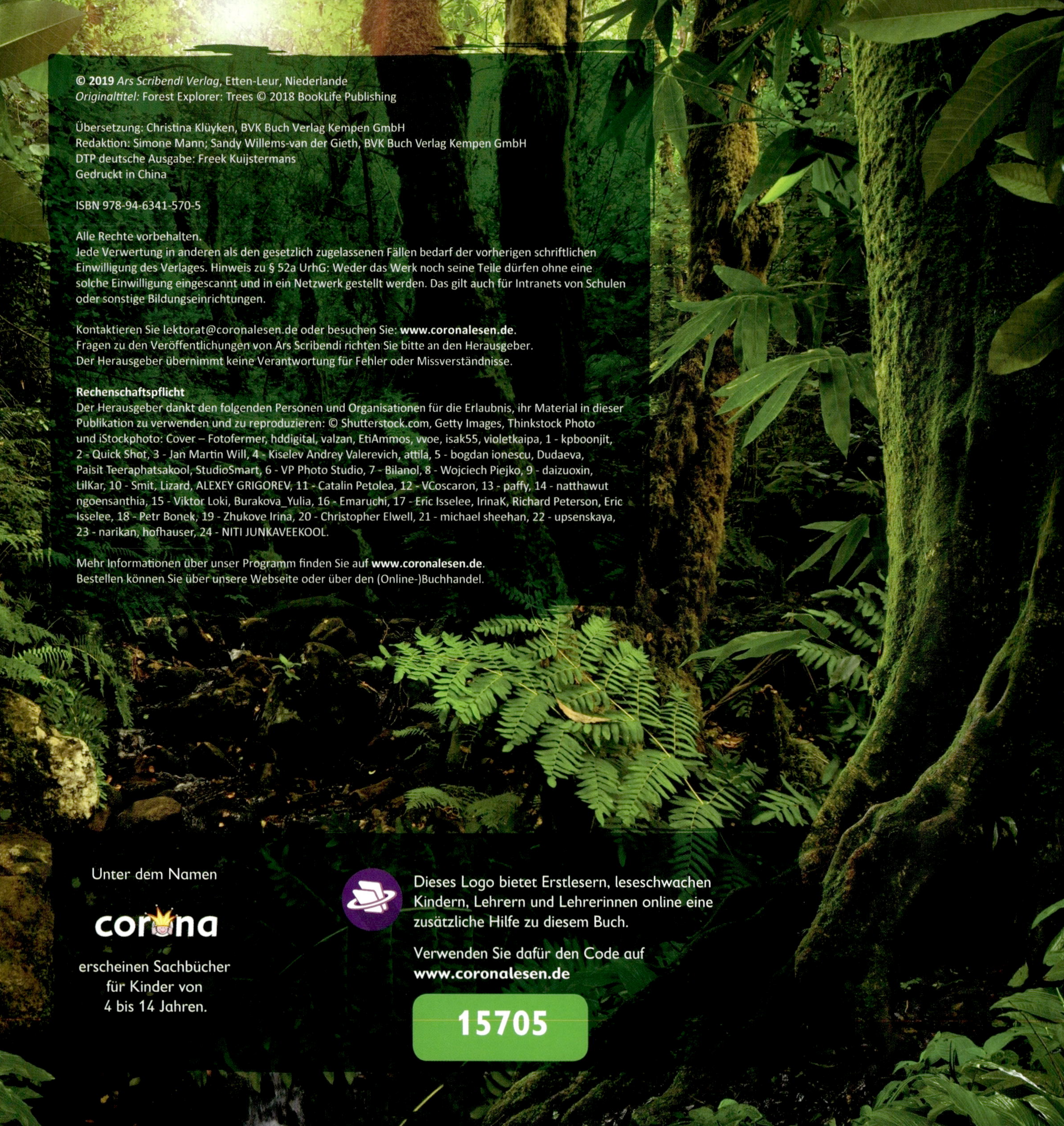

Übersetzung: Christina Klüyken, BVK Buch Verlag Kempen GmbH
Redaktion: Simone Mann; Sandy Willems-van der Gieth, BVK Buch Verlag Kempen GmbH
DTP deutsche Ausgabe: Freek Kuijstermans
Gedruckt in China

ISBN 978-94-6341-570-5

Kontaktieren Sie lektorat@coronalesen.de oder besuchen Sie: **www.coronalesen.de**.
Fragen zu den Veröffentlichungen von Ars Scribendi richten Sie bitte an den Herausgeber.
Der Herausgeber übernimmt keine Verantwortung für Fehler oder Missverständnisse.

Rechenschaftspflicht
Der Herausgeber dankt den folgenden Personen und Organisationen für die Erlaubnis, ihr Material in dieser Publikation zu verwenden und zu reproduzieren: © Shutterstock.com, Getty Images, Thinkstock Photo und iStockphoto: Cover – Fotofermer, hddigital, valzan, EtiAmmos, vvoe, isak55, violetkaipa, 1 - kpboonjit, 2 - Quick Shot, 3 - Jan Martin Will, 4 - Kiselev Andrey Valerevich, attila, 5 - bogdan ionescu, Dudaeva, Paisit Teeraphatsakool, StudioSmart, 6 - VP Photo Studio, 7 - Bilanol, 8 - Wojciech Piejko, 9 - daizuoxin, LilKar, 10 - Smit, Lizard, ALEXEY GRIGOREV, 11 - Catalin Petolea, 12 - VCoscaron, 13 - paffy, 14 - natthawut ngoensanthia, 15 - Viktor Loki, Burakova_Yulia, 16 - Emaruchi, 17 - Eric Isselee, IrinaK, Richard Peterson, Eric Isselee, 18 - Petr Bonek, 19 - Zhukove Irina, 20 - Christopher Elwell, 21 - michael sheehan, 22 - upsenskaya, 23 - narikan, hofhauser, 24 - NITI JUNKAVEEKOOL.

Mehr Informationen über unser Programm finden Sie auf **www.coronalesen.de**.
Bestellen können Sie über unsere Webseite oder über den (Online-)Buchhandel.

Unter dem Namen

corona

erscheinen Sachbücher für Kinder von 4 bis 14 Jahren.

Dieses Logo bietet Erstlesern, leseschwachen Kindern, Lehrern und Lehrerinnen online eine zusätzliche Hilfe zu diesem Buch.

Verwenden Sie dafür den Code auf **www.coronalesen.de**

15705

Inhaltsverzeichnis

Einige Wörter sind **fett** gedruckt.
Erklärungen findest du auf Seite 24 im Glossar.

Lass uns forschen!

Willkommen, Waldforscher!

Heute schauen wir uns die Bäume im Wald genauer an. Wir werden herausfinden, welche Baumarten es gibt, wie Bäume wachsen und welche Tiere auf und in ihnen leben.

Die richtige Ausrüstung

Ein Waldforscher braucht:

Ein Wald voller Bäume

Schau dich um, Waldforscher. Was siehst du?
Wenn du „Bäume“ antwortest, dann bist du wahrscheinlich im Wald. Wälder sind große Gebiete mit sehr vielen Bäumen.

Die großen Bäume in Wäldern sind manchmal sogar mehrere hundert Jahre alt!

Bäume gibt es in unterschiedlichen Größen. Manche sind sehr hoch mit vielen Ästen. Andere sind eher klein mit ganz vielen Blättern. Außerdem können Bäume sehr alt sein.

Sommergrüne Bäume

Blätter wechseln die Farbe, bevor sie herunterfallen.

Einige Bäume verlieren im Herbst oder in der **Trockenzeit** ihre Blätter.
Das sind sommergrüne Bäume oder auch laubwechselnde Bäume.
Im Winter oder in der Trockenzeit gibt es im Boden nicht so viel Wasser.
Der Baum kann die Blätter nicht versorgen und wirft sie ab.
So kann er bis zum Frühling Kräfte sammeln, um neue Blätter zu bilden.

Es gibt sehr viele verschiedene sommergrüne Bäume. Sie haben aber ein paar Gemeinsamkeiten. Die meisten sommergrünen Bäume haben zum Beispiel breite Blätter. Eine Ausnahme ist die Lärche.

Die Lärche ist ein sommergrüner Baum. Aber die Blätter sind nicht breit, sondern ähneln Nadeln.

Immergrüne Bäume

Immergrüne Bäume behalten im ganzen Jahr ihre Blätter.
Die meisten immergrünen Bäume sind Nadelbäume.
Das bedeutet, dass sie feste, dünne Blätter haben.
Diese Blätter werden Nadeln genannt.
Die Nadeln können aber auch flach und schuppenförmig sein.

Die meisten Nadelbäume wachsen in kalten Gebieten.

Schau dir die Bäume um dich herum an.
Haben sie breite Blätter oder Nadeln?

Immergrüne Bäume verlieren auch ihre Blätter.
Aber im Gegensatz zu den sommergrünen Bäumen verlieren sie nicht alle auf einmal.
Sie verlieren im Jahr immer mal wieder Nadeln und ersetzen diese direkt.

Alle Bäume haben ...

Es gibt ein paar Dinge, die jeder Baum hat. Alle Bäume haben Wurzeln, die im Boden wachsen. Sie haben auch alle einen Stamm. Das ist der Hauptteil des Baums.

Alle Bäume haben eine Rinde, Äste und Blätter. Die Rinde ist die äußere Schicht des Baumes. Sie kann glatt oder rau sein.

Gibt es verschiedene Bäume in deinem Wald? Was sind die Unterschiede zwischen ihnen?

Früchte, Nüsse und Samen

Manchmal wachsen auf Bäumen Früchte wie Äpfel, Orangen oder Kirschen. An anderen Bäumen wachsen Nüsse. Die Früchte und die Nüsse enthalten Samen.

Feigenbaum

In **fruchtbarer** Erde können aus den Samen Bäume wachsen.

Wenn Vögel und andere Waldtiere die Früchte und Nüsse fressen, scheiden sie die Samen mit ihrem Kot wieder aus. Die Tiere verteilen so die Samen und es wachsen neue Bäume.

Der Baum als Zuhause

Bäume sind ein guter Ort, um Vögel zu finden.

Wenn du im Wald nach Tieren suchst, sind Bäume ein guter Ort dafür. Für viele Tiere sind Bäume ihr Zuhause.

Hier siehst du Tiere, die in Bäumen leben:

Außerdem kannst du verschiedene **Insekten**, Ameisen und Spinnen in Bäumen finden.

Sicherheit im Baum

Es macht sehr viel Spaß, auf Bäumen zu spielen und zu klettern. Aber du musst vorsichtig sein. Achte darauf, dass immer ein erwachsener Forscher bei dir ist.

Klettere niemals zu hoch!

Möchtest du einen Baum hochklettern? Dann ziehe feste Schuhe an, mit denen du guten Halt im Baum hast.

Forsche selbst ...

Du kannst deine Bilder in dein Waldforscher-Notizbuch legen.

Erforsche die Bäume: Lege dazu ein Papier über die Baumrinde oder ein Blatt.
Danach reibst du mit einem Wachsmalstift darüber.
Jetzt erkennst du das Muster der Rinde oder des Blattes auf dem Papier.

Was ist der größte Baum, den du finden kannst?
Laufe einmal um den Baum herum und zähle deine Schritte.
Wie viele Schritte bist du bis zu deinem Startpunkt gelaufen?

Schreibe auf, wie viele Schritte du um den Baum herumgelaufen bist.

Notizen machen

Auf deinen Erkundungen durch den Wald siehst du sicher viele verschiedene Bäume. Mache dir genaue Notizen.
Wenn du eine Baumart nicht erkennst, mache eine Zeichnung von dem Baum und seinen Blättern. Dann kannst du später nachschauen.

Du kannst auch Blätter oder die gemalten Abdrücke der Rinde in dein Notizbuch kleben.

Wie viele verschiedene Bäume und Baumarten hast du im Wald gefunden? Weißt du, wie sie heißen?

Glossar

fruchtbar	Das ist Erde, die reich an Nährstoffen ist.
Insekt	Ein kleines Tier mit sechs Beinen und Fühlern am Kopf. Viele Insekten haben Flügel. Ihr Körper besteht aus drei Teilen.
Trockenzeit	An manchen Orten auf der Erde gibt es keine Jahreszeiten. Dort wechseln sich Regenzeiten und Trockenzeiten ab. In der Trockenzeit regnet es nur sehr wenig oder gar nicht.

Index